Les musiques
du Petit Bonhomme

Texte de Gilles Tibo
Illustrations de Marie-Claude Favreau

QUÉBEC AMÉRIQUE jeunesse
329, rue de la Commune Ouest, 3ᵉ étage, Montréal (Québec) H2Y 2E1 Téléphone : (514) 499-3000

Données de catalogage avant publication (Canada)

Tibo, Gilles

    Les musiques du Petit Bonhomme

    (Petit Bonhomme ; 2)

    Pour enfants.

    ISBN 2-7644-0177-9

    I. Musique - Ouvrages pour la jeunesse. II. Titre. III. Collection.

ML3928.T52 2002   j780   C2002-940704-4

Livre publié sous la direction de Gilles Tibo.

L'auteur remercie Aline Fleurant, Linda Nadon, Johanne Thibault et Louise Lemaire pour leurs judicieux conseils.
Un gros merci à Isabelle Lépine pour la conception graphique.

Texte : Gilles Tibo
Illustrations : Marie-Claude Favreau
Conception graphique : Isabelle Lépine
Révision linguistique : Diane Martin

Dépôt légal : 2e trimestre 2002
Bibliothèque nationale du Québec
Bibliothèque nationale du Canada
Imprimé en Slovaquie

Tous droits de traduction, de reproduction et d'adaptation réservés
© 2002 Éditions Québec Amérique

ECOLE DU SACRE-COEUR
310, RUE FITCH
WELLAND, ONTARIO L3C 4W6
734-8133

À Pauline Gagnon,
grande musicienne de la vie…

Préface

La musique m'accompagne depuis toujours. Elle a bercé mes premières nuits, puis, de ballades en rondos, de sonates en concertos, elle a fait de ma vie une incroyable symphonie.

Maintenant, la musique m'entraîne sur les routes du monde avec mon violon. Elle se fait douce, puissante, gaie, triste. Et, comme par magie, les barrières des langues et des cultures disparaissent, car la musique **touche directement le cœur des gens**.

Il m'arrive souvent, en plein concert, d'apercevoir un petit bonhomme, une petite bonne femme dont le cœur est emporté par le maelström des notes. C'est la grâce que je nous souhaite à toutes et à tous. J'espère que ce livre fera découvrir aux enfants et aux adultes toutes les musiques qui se cachent en nous et autour de nous.

En avant la musique !

Angèle Dubeau, violoniste

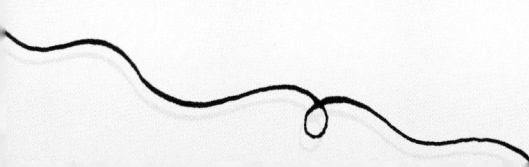

PA-RA-PA-TA-POM !

Je m'appelle Petit Bonhomme !
PA-RA-PA-TA-POM ! PA-RA-PA-TA-POM !

J'aime la musique… ZIQUE ! ZIQUE !
celle du cœur… BOUM ! BOUM !
celle du vent… VVV ! VVV !
Et aussi… celle de ton rire !

Toi, aimes-tu la musique ?

Mon cœur

Mon cœur est un tambour. Il bat au rythme de ma vie. Il accompagne tous mes mouvements, toutes mes émotions. Le matin, à mon réveil, il bat lentement. Il accélère si je cours. Il sursaute lorsque j'ai peur.

Je dois faire attention à mon cœur... et à celui des autres !

À combien de pulsations par minute ton cœur bat-il présentement ?

Mes oreilles

Je perçois les sons avec mes oreilles. Elles sont très sensibles. Grâce à elles, je peux entendre le murmure d'un ruisseau ainsi que le fracas du tonnerre.

Je peux fermer ma bouche et mes paupières, mais je ne peux pas fermer mes oreilles. Elles sont à l'affût du moindre bruit.

J'aime mes oreilles ! Elles sont très pratiques...

La musique de mon corps

Mon corps fait beaucoup de musique.
Mon estomac fait glou… glou…
Mon cœur fait toc… toc…
Mes poumons font vvv… vvv…
Je fais snif… snif… lorsque je pleure.
La nuit, je fais ron… ron…
Et quelquefois, je fais prout ! prout !
Ça, c'est drôle !

En plus, je fais smack ! smack !
lorsque je donne des bisous…

Mon corps est un grand musicien !

Les sons de ma bouche

Grâce à ma bouche, je peux m'exprimer en utilisant tous les mots que je connais. Je peux murmurer, parler, crier. Je peux aussi chanter des dizaines et des dizaines de chansons !

De plus, en jouant avec mes cordes vocales, ma langue et mes lèvres, je peux gazouiller, siffler, imiter le cri d'un animal… Je peux aussi inventer des sons qui ne ressemblent à rien…

Quel est le son que tu adores faire avec ta bouche ?

Avec ma bouche

Je me sers de ma bouche
et de mon souffle pour jouer
de la flûte, de l'harmonica,
de la clarinette, de la
trompette, du saxophone,
du trombone et de nombreux
autres instruments de musique.

Mais je ne peux pas jouer de la guitare avec ma bouche !

Mes mains

Je peux produire plusieurs sons avec mes mains. Je peux faire claquer mes doigts, je peux siffler en mettant deux doigts dans ma bouche et, bien sûr, je peux applaudir !

En plus, les mains sont essentielles pour tenir un instrument de musique et en jouer !

Essaie de trouver un instrument de musique qui ne requiert pas l'emploi de tes mains !

Ma voix

Ma voix fonctionne comme un instrument à vent. L'air de mes poumons fait vibrer mes cordes vocales. Le son de ma voix est intimement lié à mes poumons, à ma gorge, à mon nez.
Ma voix ne ressemble à celle de personne d'autre.

Pour entendre ma voix, je peux l'enregistrer sur un magnétophone ou sur une bande vidéo. Habituellement, on est très surpris par sa propre voix. Souvent, on ne la reconnaît pas.

Quelle sorte de voix as-tu ?

La voix de mes amis

Nos voix sont uniques. Je peux différencier la voix de mon père, celle de ma mère et celles de mes amis. Certaines personnes parlent du nez, d'autres parlent de la gorge, d'autres du bout de la langue. D'autres encore s'expriment en zézayant, en « chuchutant », en grasseyant ou en bégayant. Certaines personnes parlent très rapidement, d'autres s'expriment très lentement.

Il y a des voix hautes, des voix graves, des voix enjouées, des voix tristes.

Je reconnais facilement la voix de ceux que j'aime… et aussi celle des gens que je n'aime pas.

Ma voix intérieure

Il existe une voix que je suis le seul à entendre. C'est ma petite voix intérieure. Elle me parle, me raconte des histoires, me donne des conseils. Quelquefois je l'écoute, d'autres fois je ne l'écoute pas…

Allô ! Allô ? Ma petite voix intérieure ? Comment vas-tu aujourd'hui ?

Les sourds et les muets

Les gens muets sont incapables de parler. Les gens sourds n'entendent pas les sons. Ils communiquent en lisant sur les lèvres de leur interlocuteur et en utilisant leurs mains.

Les animaux

Les animaux ne parlent pas comme nous. Ils s'expriment d'une autre façon. Le lion rugit, le chien jappe, l'oiseau chante. Le chat s'exprime en miaulant, en se frottant contre moi, en bougeant sa queue. Il n'a pas besoin de parler. Je sais qu'il est heureux lorsqu'il ronronne.

Moi aussi, je ronronne quelquefois ! Et toi ?

Les jouets

Certains jouets font beaucoup de bruit. J'ai une poupée qui parle, une autre qui chante, une toupie musicale, un carrousel musical, un sifflet, un vieux hochet avec une petite cloche à l'intérieur, un lapin qui joue du tambour, un robot qui fait du bruit, une automobile téléguidée…

TIC TAC DRING

DILING DILING

Dans la maison

Dans la maison, on discute, on parle, on chante, on crie, on écoute de la musique, on entend la radio. Il y a toutes sortes de sons dans les jeux vidéo et à la télévision.

Je peux aussi entendre le plancher qui craque, le ronron du réfrigérateur, le robinet qui coule, l'eau qui bout, la douche qui coule, la sonnerie du téléphone, le carillon de la porte, le tic-tac d'un réveille-matin, le bruit d'un animal…

Quelquefois, par une fenêtre ouverte, j'entends un bébé qui pleure, un voisin qui parle, chante ou joue d'un instrument de musique.

Dehors

Dehors, je peux entendre le bruit des automobiles, des camions, des motocyclettes, des avions, les sirènes des voitures de patrouille, des ambulances, des camions de pompiers. Je peux aussi entendre les bruits des tondeuses à gazon, des gens qui bricolent dans leur cour, qui scient, qui donnent des coups de marteau.
Il y a aussi le chant des oiseaux, les rires et les cris des enfants, la voix d'un adulte qui annonce :
« Le repas est servi ! »

Nomme les bruits que tu peux entendre à l'extérieur de ta maison.

À l'école

À l'école, il y a beaucoup de bruit. Les enfants jouent dans la cour, la cloche sonne, le rythme des pas résonne dans les escaliers et les corridors. J'entends le vacarme des casiers qui s'ouvrent et se referment, la voix du professeur, le grincement de la craie sur le tableau, le ronron de l'aiguisoir et le soupir d'un élève...

À l'école, je ferme les yeux et j'essaie de reconnaître tous les sons qui m'entourent !

Les sons qui effraient

Certains sons m'effraient. Le grondement du tonnerre, le hurlement des sirènes, la musique des films d'épouvante sont tous des sons qui me font très peur.

Quel est le son qui te fait le plus peur ?

Les sons qui apaisent

Certains sons et certaines musiques m'apaisent et me font du bien. Le chant des oiseaux, les chuchotements, les musiques très calmes, les murmures d'un ami qui me dévoile un secret me réconfortent.

Le silence

Le silence est le contraire du bruit. Il est très difficile de trouver le silence total. Même caché sous mes oreillers au fond de mon lit, j'entends toujours quelque chose : les battements de mon cœur, le bruit de ma respiration… et parfois même le glouglou de mon ventre.

Essaie de trouver l'endroit le plus silencieux de ta maison.

La peur du silence

Certaines personnes ont de la difficulté à supporter le silence. Elles essaient de le combler en parlant, en écoutant de la musique, en ouvrant la télévision.

D'autres personnes, au contraire, recherchent le silence. Ces gens descendent au fond des grottes, se recueillent dans des églises, des temples, des mosquées ou choisissent de vivre dans des monastères isolés sur de hautes montagnes.

Toi, as-tu peur du silence ?

Les notes

La musique est constituée de notes très précises. En tout, il y a sept notes : do, ré, mi, fa, sol, la, si. C'est tout ! Ces notes sont subdivisées en demi-tons : des dièses et des bémols.

La portée

Les notes vivent sur une portée. Une portée comporte cinq lignes. Entre les lignes, il y a quatre espaces appelés interlignes. Les notes les plus graves se situent en bas. Les notes aiguës se situent en haut.

Voici un exemple de portée en clé de sol.

Le temps

Toutes les musiques respectent un tempo. C'est le rythme. Les marches funéraires se jouent très lentement. La musique de fête est habituellement joyeuse et entraînante. Tu peux donner le rythme en frappant dans tes mains, en frappant le sol avec tes pieds ou en jouant d'un instrument de percussion.

J'aime danser sur une musique entraînante !

La note noire

Habituellement, la note noire équivaut à un temps. La croche équivaut à un demi-temps. La double croche à un quart de temps.

Noire : B O U M ♩
Croche : B O U M B O U M ♫
Double croche : BOUM BOUM BOUM BOUM

Les notes sont des amies qui aiment jouer ensemble !

Les musiques

Pour ceux et celles qui apprécient la musique, il en existe une variété incroyable. Je peux écouter de la musique baroque, de l'opéra, de la musique classique, du jazz, du blues, du rock, du hip-hop...

Le monde de la musique est si diversifié qu'il existe des stations de radio spécialisées. Certaines chaînes ne diffusent que de la musique classique, d'autres ne diffusent que du rock, du jazz...

Les baladeurs

Les baladeurs sont un excellent moyen d'écouter de la musique. Mais attention ! Je ne dois pas monter le volume au maximum ! Je dois faire attention à mes oreilles : mes tympans sont très fragiles.

Jouer de la musique

Je peux jouer de la musique, seul *en solo*, à deux *en duo*, à trois *en trio*, à quatre *en quatuor*, à cinq *en quintette*... Il peut y avoir plus de cent musiciens dans un orchestre symphonique. Chacun y joue un rôle très précis.

J'aimerais devenir un grand chef d'orchestre !

Le chant

Il y a aussi les chanteurs et les chanteuses. Certains chantent « a capella », c'est-à-dire sans accompagnement musical. D'autres s'accompagnent au piano ou à la guitare. D'autres sont accompagnés par des orchestres de plusieurs dizaines de musiciens. L'opéra est comme une pièce de théâtre chantée.

Moi, je chante tout seul dans mon bain !

Les musiques folkloriques

Chaque peuple possède sa musique folklorique. C'est une musique qui est intimement liée à la langue, à la culture et à l'histoire du pays. Elle représente ce qu'on appelle « l'âme d'un peuple ».

On joue habituellement la musique folklorique avec des instruments traditionnels. Mais il arrive de plus en plus souvent qu'on emploie des instruments d'aujourd'hui.

Connais-tu la musique folklorique de ton pays ?

Les instruments

Il existe une très grande variété d'instruments de musique : piano, contrebasse, clavecin, guitare, luth, flûte, clarinette, accordéon, tambour, orgue, trompette... Ce n'est pas le choix qui manque ! Pour avoir une bonne formation musicale, il est important de suivre des cours et de s'exercer régulièrement !

De quel instrument aimerais-tu jouer ?

L'amie musique

La musique et le chant me permettent d'exprimer et de partager mes émotions, mes idées.

La musique est une amie qui m'accompagnera tout au long de ma vie. Avec elle, je ne m'ennuierai jamais. Je jouerai ma musique, j'écouterai celle des autres et je partagerai cette passion avec d'autres musiciens !

Moi, ma flûte est ma meilleure amie !

Moi, ma meilleure amie c'est Julie. Elle joue du piano !

Toutes les musiques

Je possède une personnalité, une pensée, une imagination, un rythme. C'est ma musique à moi. Elle est unique. Je la partage avec les gens qui m'entourent et je suis attentif à la musique des autres. Tous ensemble, nous formons un orchestre extraordinaire. C'est le grand orchestre de la vie.

Un orchestre de plus de sept milliards de personnes !

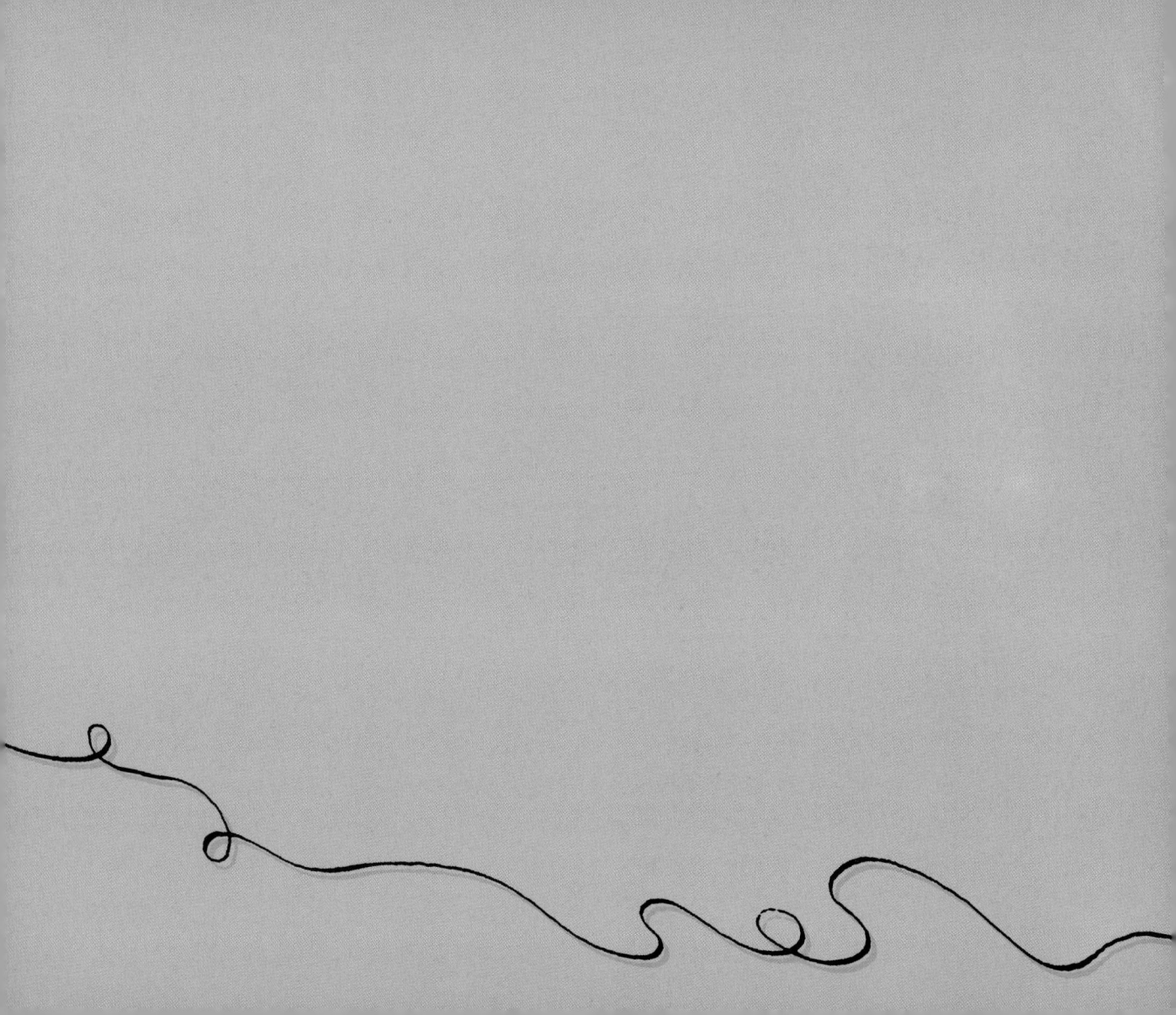

Jeux et activités

Avec la bouche
Essaie d'inventer différents bruits avec ta bouche.

Animal
Imite le bruit d'un animal. Demande à tes amis de trouver de quel animal il s'agit.

Imiter
Fais un son avec ta bouche et demande à tes amis de trouver de quel son il s'agit.

Voix
Essaie d'imiter la voix de quelqu'un, celle de ton instituteur, celle d'un ami…

Les voix
Invente un personnage qui parle du nez, un autre qui parle de la gorge, un autre qui a la voix étranglée…

Si tu étais…
Quelle sorte de voix aurais-tu si tu étais un robot, une sorcière, un fantôme ?

Bonjour !
Je t'envoie la musique de mon cœur !

Animal
Essaie de t'exprimer comme si tu étais un animal.
Mime-le et joue avec tes amis.
Exemple : un lion, r, r, r, un canard, coin, coin,
un chat, miaou, miaou…

Pour rire
Essaie d'inventer le bruit que feraient les ailes d'un
papillon, un nuage dans le ciel, une feuille qui tombe.

Percussion
Invente un instrument de percussion avec un objet
qui est près de toi.

Invente un instrument
Invente et dessine un instrument de musique qui
n'existe pas. Essaie d'en imaginer le son avec ta
bouche.

Les bruits qui effraient
Nomme les bruits qui t'effraient. Fais-en la liste et
compare-la avec celle de tes amis.

Les bruits qui apaisent
Nomme les bruits qui t'apaisent. Fais-en la liste et
compare-la avec celle de tes amis.

La provenance
Les yeux fermés, essaie de deviner la provenance des
sons produits par un ami.

Sons et odeurs
Peux-tu associer des sons à des odeurs ? Quelle serait
la musique d'une rose, d'un chocolat, d'une crème
glacée ?

Couleurs et sons
De quelle couleur serait le son de la trompette, le son
d'un accordéon, celui d'un violon ?

Silence
Combien de temps peux-tu garder le silence complet,
sans rire ? Combien de temps tous les élèves de
ta classe peuvent-ils garder le silence ? Essayez de
battre le précédent record !

Code secret
Invente un code secret avec des bruits.
Exemple : toc = oui. Toc-toc = non.
Toc-toc-toc = peut-être.

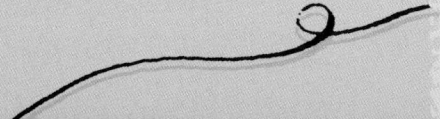

Langue étrangère
Juste pour rigoler, invente une langue étrangère en marmonnant, en mêlant des mots, en employant beaucoup de « a », beaucoup de « g ».

Lire à l'envers
Avec tes amis, amuse-toi à lire une phrase, tout haut, en commençant par la fin :
nif al rap tançnemmoc ne…

Ni oui ni non
Avec tes amis, organise une joute oratoire. Essaie de répondre aux questions que l'on te pose sans dire « oui » ni « non ». C'est très difficile !

Je
Essaie de répondre aux questions de tes amis sans dire « je ».

Chanson préférée
Quelle est ta chanson préférée ? Pourquoi ? Qui la chante ? Y a-t-il une voix, deux voix, un chœur de chant ? Quels sont les instruments que tu peux reconnaître ?

Chorale
Forme une chorale avec quelques-uns de tes amis.

Imiter les sons
Avec tes amis, forme un groupe de musique. Chacun des participants doit imiter le son d'un instrument avec sa bouche ! Exemple : *zing, zing* pour le violon, *boum, boum* pour le tambour…

La volière
Avec tes amis, imite le son des oiseaux en sifflant, en caquetant, en roucoulant…

La voix intérieure
Juste par curiosité, recueille-toi quelque part et écoute ta petite voix intérieure… Que te dit-elle ?

Nos voix intérieures
Faites le silence dans la classe et écoutez vos voix intérieures. Ensuite, racontez l'expérience que vous avez vécue.